LA REPRÉSENTATION

DE

LA GUYANE

ET LA

LOI CONSTITUTIONNELLE

PAR

Gustave FRANCONIE

DÉPUTÉ

PARIS

IMPRIMERIE MODERNE, WATTIER DIRECTEUR

61, RUE JEAN-JACQUES-ROUSSEAU, 61

—

1880

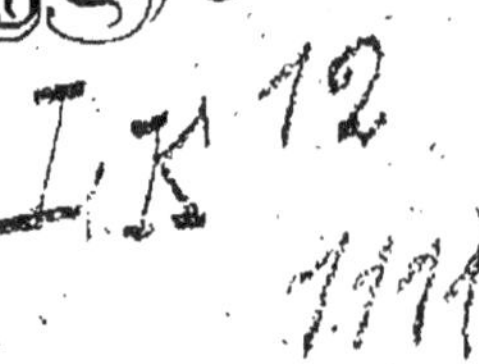

LA REPRÉSENTATION

DE

LA GUYANE

ET LA

LOI CONSTITUTIONNELLE

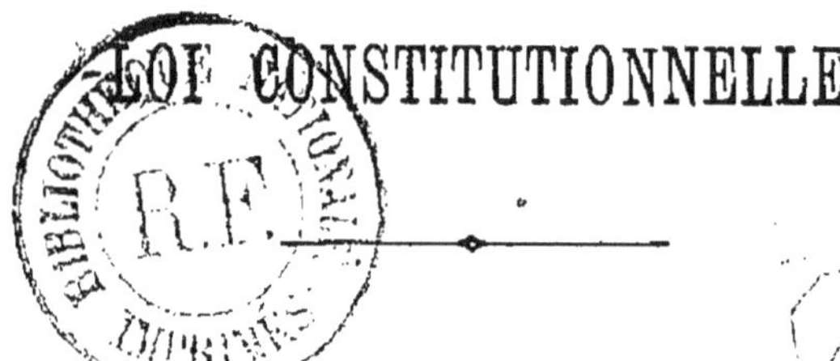

A mes compatriotes

Citoyens,

Si depuis quatre mois je ne vous ai pas rendu compte du mandat que vous m'avez confié, c'est que depuis quatre mois il ne s'est présenté, soit au ministère de la marine, soit à la Chambre des députés, aucun événement vous intéressant directement, appelant mon intervention, méritant de vous être signalé.

Aujourd'hui, cependant, un fait s'est produit. Au point de vue de vos intérêts immédiats aussi bien que de l'avenir de la Guyane, ce fait me semble d'une grande importance.

Mon devoir est de vous le faire connaî-
tre.

Dans les premiers jours du mois d'a-
vril, j'appris indirectement que votre
directeur de l'Intérieur actuel avait été
relevé de ses fonctions et qu'un ancien
conseiller général de la Réunion, M. Drouhet, avait été nommé pour le remplacer.

La nouvelle n'étant pas officielle, je
ne crus pas devoir m'en occuper immédiatement. — J'attendis. — Mais le 11
avril le doute ne fut plus possible. La
nomination de M. Drouhet paraissait, non
pas au *Journal Officiel*, mais au *Moniteur de la flotte*, organe spécial, paraît-il,
du ministère de la marine.

Dès lors, il fallut prendre un parti, et
sans perdre de temps j'adressai le 12 à
M. l'amiral Jauréguiberry, la lettre sui-
vante qui s'explique d'elle-même :

Paris, le 12 avril 1880

« Monsieur le ministre,

« Par le *Moniteur de la flotte* d'hier,
« 11 avril, j'apprends que M. Drouhet,
« ancien membre et ancien président
« du Conseil général de la Réunion a été
« nommé directeur de l'intérieur à la
« Guyane, en remplacement de M. Quin-

« trie, titulaire actuel de cette fonction,

« C'est une nomination contre laquelle
« je me crois autorisé à protester, en ma
« qualité de représentant de la Guyane,
« et cette lettre n'a d'autre but que de
« vous porter ma protestation.

« En ce moment je ne veux pas m'oc-
« cuper de la personnalité de M. Drou-
« het ; si l'occasion se présente, j'aurai
« à rechercher quels peuvent être ses
« titres à aller exercer à la Guyane des
« fonctions plus importantes encore
« que celles du gouverneur lui-même.

« Les raisons sur lesquelles je base ma
« protestation sont les suivantes :

« La première fois que j'eus l'honneur
« de voir M. le directeur des colonies,
« l'honorable M. Michaux ne me laissa
« pas ignorer que depuis longtemps, cer-
« taines personnes étaient chaudement
« recommandées au ministère de la ma-
« rine, pour le poste de directeur de l'in-
« térieur à la Guyane ; que le ministère
« avait constamment résisté aux sollici-
« tations ; qu'aujourd'hui que cette colo-
« nie est représentée à la Chambre des
« députés, rien ne se ferait sans que le
« représentant en fût auparavant avisé.

« Par le décret du 20 mars, je vois que

« l'assurance de M. le directeur des co-
« lonies reste complètement à l'état de
« lettre morte, et que, pour la troisième
« fois, le département de la marine té-
« moigne de son intention bien arrêtée
« de ne tenir aucun compte du député de
« la Guyane, dans la nomination des
« fonctionnaires les plus importants pour
« cette colonie.

« C'est, monsieur le ministre, une si-
« tuation passive que l'élu du suffrage
« universel à la Guyane ne saurait ac-
« cepter.

« Et il le peut d'autant moins que des
« indices non équivoques lui ont permis
« de constater, dans ces derniers temps,
« qu'il y a à Paris des personnalités ab-
« sorbantes qui prétendent représenter
« les colonies, à l'exclusion de leur véri-
« tables représentants respectifs ; des
« personnalités dont l'avis ou l'influence
« paraît clairement se substituer à celle
« de ces représentants, que le départe-
« ment a toujours bien voulu, par tradi-
« tion, aviser des mesures qui étaient
« prises à l'égard de leurs commettants.

« Je le répète, monsieur le ministre,
« c'est une situation que, par respect pour
« le suffrag universel, pour mes électeurs

« et en fin de compte pour moi-même, je
« ne puis pas accepter.

« Dans ma pensée, monsieur le mi-
« nistre, ma protestation ne doit pas
« rester purement platonique. Ce que je
« viens solliciter, très justement je crois,
« c'est l'abrogation du décret du 20 mars.

« Que si par hasard j'outrepasse mon
« droit et que ma revendication ne vous
« paraisse pas acceptable, je me réserve,
« monsieur le ministre, et vous le com-
« prendrez, d'informer mes mandants de
« la situation qui m'est faite, par la pu-
« blication de la présente lettre et de la
« réponse dont vous voudrez bien m'ho-
« norer.

« Agréez, monsieur le ministre, etc. »

J'attendis sept jours une réponse à
cette lettre. Au bout du septième jour,
ne voyant rien venir, j'écrivis de nouveau
à monsieur le ministre de la marine,
dans les termes suivants :

Paris le 19 avril 1880.

« Monsieur le ministre.

« Le 12 avril j'ai eu l'honneur de vous
« adresser une lettre à l'occasion de la
« nomination de M. Drouhet comme di-
« recteur de l'intérieur à la Guyane. A

« cette lettre je sollicitais l'honneur d'une
« réponse. Cette réponse ne me parve-
« nant pas, je suppose que ma communi-
« cation du 12 avril n'est pas arrivée
« jusqu'à vous.

  « Je prends la liberté de vous en adres-
« ser une copie incluse.

  « Agréez, etc. »

Le même jour je reçus ce qui suit :

      « Monsieur le député,

  « J'ai l'honneur de vous accuser ré-
« ception de votre lettre en date de ce
« jour, me faisant envoi d'une copie de
« celle que vous m'avez adressée le 12
« courant.

  « Recevez, etc. »

En réalité, citoyens, ce n'était point là
une réponse. Je compris immédiatement
que M. le ministre, embarrassé, ne me
répondrait jamais. Je n'en pris que plus
fermement la résolution d'insister. Comme pour lui donner le temps de la ré-
flexion, qu'il semblait demander par un
simple accusé de réception, j'attendis
encore sept jours, puis lui adressai une
nouvelle lettre.

, Paris le 26 avril 1880.

« Monsieur le ministre,

« Le 19 courant, j'ai eu l'honneur de
« recevoir la lettre par laquelle vous
« m'accusiez réception de la mienne de
« même date, vous remettant copie de
« ma première communication du 12 avril.

« Je vous suis très reconnaissant de
« cet accusé de réception.

« Mais j'ai dû comprendre que vous
« vous réserviez de me faire plus tard la
« véritable réponse qu je sollicitais de
« vous, c'est-à-dire une réponse sur le
« fond même de ma réclamation du 12.

« Je vois arriver le moment de faire
« parvenir aux habitants de la Guyane,
« le compte que je leur rends mensuelle-
« ment du mandat qu'ils m'ont confié,
« et, au risque de vous paraître importun,
« je viens une fois de plus vous prier de
« me faire savoir quel cas vous pensez
« pouvoir faire de ma réclamation contre
« la nomination de M. Drouhet, comme
« directeur de l'intérieur à la Guyane.

« Je vous prie d'agréer, etc.

Il me fut répondu :

Paris le 26 avril 1880.

« Monsieur le député,

« La loi constitutionnelle du 25 février
« 1875 répond à la protestation que vous
« m'avez adressée le 12 de ce mois, dont
« vous m'avez transmis une copie le 19 et
« que vous me faites l'honneur de me
« rappeler par votre lettre de ce jour.

« Recevez, etc. »

Citoyens, je ne m'étais pas trompé.
Monsieur le ministre de la marine était
condamné à ne pouvoir point me répon-
dre. Cette dernière lettre était-elle en
effet la réponse que je demandais? — En
aucune façon. — C'était une injusti-
fiable fin de non recevoir, rien de plus.

En réalité que signifie-t-elle?

Que la Constitution a établi la responsabilité ministérielle ; que le ministre est
seul responsable des fonctionnaires qu'il
nomme ; que par conséquent il n'a à
consulter personne sur le choix qu'il en
fait ; que par ces raisons j'étais mal fondé
à réclamer le retrait du décret du 20
mars ; que, malgré tout, ce décret res-
terait.

La responsabilité ministérielle! Telle
est, en effet, le *sans dot*, *l'ultima ratio*

que depuis des années, j'ai constamment entendu invoquer, toutes les fois que les représentants du peuple ont essayé de défendre les droits de leurs mandants!

Eh bien, soit! Cette raison, citoyens, nous devons l'accepter. Nous devons admettre qu'elle répond pleinement, comme dit M. le ministre, à ma demande de retrait du décret du 20 mars.

Mais, si sur ce point la Constitution répond, il en est d'autres, citoyens, que j'avais soulevés dans ma lettre du 12 avril, auxquels ne répondent ni l'acte du 25 février ni M. le ministre, et qu'il est utile d'examiner avec vous. Puis nous rechercherons ensemble pourquoi ces points ont été très intentionnellement laissés dans l'oubli.

J'avais invoqué une assurance formelle de M. le directeur des colonies, à notre première entrevue, et je m'étais étonné que cette assurance fût restée à l'état de lettre morte.

A cela la Constitution ne répond pas, et Monsieur le ministre de la marine ne dit pas davantage comment M. le directeur des Colonies, qui connaît apparemment la constitution, pouvait faire une promesse, puis ensuite ne point la tenir.

J'avais déclaré savoir pertinemment que le ministère de la marine ne choisit pas lui-même les fonctionnaires qu'il nomme mais les reçoit tout préparés et *quels qu'ils soient*, des mains de certains personnages qui souvent ne sont rien de moins qu'autorisés. Et je protestais.

A cela, la Constitution ne répond pas, M. le ministre de la marine non plus.

Et, en vérité, quel étonnement?

Comment, en effet, justifier M. le directeur des Colonies? Comment expliquer que la constitution qui interdit d'aviser le représentant de la Guyane des affaires de la Guyane, autorise à subir les protégés de personnes étrangères à cette colonie et à son mandat.

Eh bien, Citoyens, ce que M. le ministre n'explique pas, je dis qu'il m'appartient de vous l'expliquer.

Si M. le ministre de la marine, se réfugiant derrière la Constitution, ne croit devoir m'aviser de rien et en consulte d'autres sur les choses de notre pays, c'est qu'arrivant à la Chambre des députés je n'ai pas voulu sacrifier mes opinions générales et me faire le serviteur docile et dévoué de la politique, particulièrement de la politique coloniale actuelle, ainsi que l'espéraient sans doute ceux qui faisaient des promesses pour ne les point tenir; c'est qu'arrivant à la Chambre des députés je suis allé à ma place naturelle, l'extrême gauche, et n'ai pas hésité, dans diverses circonstances, à voter dans la plénitude de ma conscience, contre le cabinet dont M. le ministre faisait ou fait encore partie.

Je puis le dire, puisqu'au mois de décembre dernier, à l'interpellation Lockroy, comme je m'apprêtais à repousser l'ordre du jour de confiance Devès, l'une des personnes les plus dévouées au ministère de la marine, me dit :

« Comment ! vous allez voter contre le ministre a qui vous devez le rétablissement de la représentation de votre colonie ! »

Je puis le dire encore, puisqu'un peu plus tard, me plaignant devant un autre famillier du ministère, de ne rien voir accorder de réellement profitable à la Guyane, il me fut répondu :

« Vous vous plaignez de ne rien obtenir du ministre ! Mais que lui avez-vous donc accordé vous-même depuis que vous êtes ici ? Combien de fois avez-vous voté pour lui ?

Or, citoyens, à cela je réponds que
me confiant votre mandat, vous n'avez
pas exigé de moi le sacrifice de mes con-
victions les plus anciennes ; au contraire.
Je réponds que je ne crois pas être député pour être du même coup l'homme-
lige d'un ministre. Je réponds que le ré-
tablissemnt de la représentation de la
Guyane n'est dû, ni au ministre de la
marine, ni à personne, mais à la reconnaissance, par les Chambres, d'un droit
proclamé dès 1870 par M. Gambetta,
membre du gouvernement de la défense
nationale, et injustement violé par l'As-
semblée de 1875. Je réponds ce que j'avais
déjà répondu que je ne suis point venu
pour un échange de services, mais pour
faire mon devoir, rien que mon devoir.

Si M. le ministre de la marine ne croit
pas devoir m'aviser de vos affaires, c'est
que comme d'autres, je ne vais pas à tout
instant au ministère me faire solliciteur,
humble solliciteur.

Je puis le dire, puisque ceux qui affec-
tent ce caractère, sont, eux, avisés, écou-
tés, obéis, même en choses qui ne les
regardent point, et qu'en ce qui les con-
cerne la loi constitutionnelle apparemment
n'existe pas.

A cela je dis que je ne vais pas au ministère, parce que j'y suis allé une fois, et qu'à une juste réclamation il m'a été opposé des fins de non recevoir. Je ne vais pas au ministère parceque je n'ai rien à demander ni pour moi, ni pour des amis, ou des protégés, et que eussé-je des amis à placer, j'éviterais encore de solliciter des faveurs particulières, de nature à me gêner un jour dans la revendication des droits de mon pays, que j'ai exclusivement mission de défendre. Loin de m'en vouloir, on devrait m'en savoir gré.

Telles sont, citoyens, les véritables raisons, croyez-moi, qui déterminent à laisser votre représentant de côté, et il est à ma connaissance qu'on ne se gêne pas pour en avouer une partie dans l'intimité.

Mais puisque nous y sommes, citoyens, poursuivons et cherchons par quels motifs M. le ministre de la marine pourrait bien, en dehors de la loi constitutionnelle, justifier, le refus qu'il vient de m'opposer.

M. le ministre pourrait-il dire qu'en demandant l'abrogation du décret du 20 mars, j'ai été trop exigeant?

Mais si je ne me trompe, en novembre 1879, M. le ministre rapportait le décret de nomination de M. Gent, vingt jours après qu'il avait paru à *l'Officiel*, et cela, non point à la sollicitation de personnes attachées au régime actuel, mais au contraire sous la pression d'une presse notoirement hostile à la République. M. le ministre a-t-il hésité alors à affronter ainsi la Constitution et l'opinion publique.

M. le ministre pourrait-il dire qu'il n'y a point pour M. Drouhet les motifs qu'il y avait pour l'honorable M. Gent.

Mais d'abord y avait-il des motifs, pour M. Gent?

Quant à M. Drouhet j'affirme qu'il y en a. Et quand il n'y aurait que ceux invoqués par moi, dans ma lettre du 12 avril, c'en serait assez.

Voilà, citoyens, le commentaire dont je devais naturellement faire suivre la nomination de M. Drouhet, les lettres que j'ai adressées à M. l'amiral Jaureguiberry, et les demi-réponses qu'il lui a plu de me faire.

Puisse-t-il vous donner une idée de la politique que le ministère de la marine entend appliquer à notre égard. Puisse-t-il vous indiquer qu'à moins de courber la tête, d'obéir à une discipline, de tout accepter, de sacrifier son indépendance et sa dignité, votre représentant court grand risque de ne rien avoir : ni faveurs, particulières, ni reconnaissance des droits les mieux établis, des droits les plus intimement liés à ceux de la métropole elle-même sur ses possessions d'outre-mer.

En choisissant votre représentant, avez-vous entendu lui imposer l'obligation d'une telle abnégation? Je ne le pense pas.

En tout cas, vous restez, en définitive, seuls juges, en dernier ressort, de la façon dont j'accomplis ma mission. Je m'en remets, plein de confiance, à votre appréciation.

Maintenant, un dernier mot sur le fonctionnaire qui va vous être imposé, par la grâce des personnages auxquels j'ai fait allusion dans tout le cours de ce compte rendu; sur ce fonctionnaire que mes efforts n'ont pu réussir à détourner de vous.

M. Drouhet était président du conseil général de la Réunion. Au renouvellement de ce conseil, il y a deux mois, le suffrage universel n'a plus voulu de lui. Si je suis bien informé, et je le suis, M. Drouhet ira à la Guyane continuer purement et simplement le système administratif inauguré après 1848 par M. Favard, poursuivi jusqu'ici par M. Quintrie, les deux seuls directeurs de l'intérieur que vous ayez eu dans un espace de trente années.

A vous de voir si vous devez espérer quelque chose de cette administration, et si en voulant la faire continuer le ministère de la marine fait preuve de beaucoup de sollicitude pour le développement de la Guyane, et l'amélioration du sort de sa population.

Quant à moi, je n'en crois rien, et je dis que la nomination de M. Drouhet est une preuve de plus que ce qu'il nous faut poursuivre, c'est l'assimilation complète de nos colonies aux départements métropolitains.

Mon seul regret est de ne pas voir dès maintenant l'occasion favorable de soumettre cette question à la Chambre des députés, préoccupée de soins plus graves. Mais cette occasion viendra et bientôt, je l'espère.

Salut et égalité.

GUSTAVE FRANCONIE.

Paris, 30 avril 1880.

Paris. — Imprimerie Moderne (Wattier, directeur, rue J.-J.-Rousseau, 61.